JN437968

잃어버린 시간을 찾아서

고창을 탐구하다

잃어버린 시간을 찾아서

강희석 제3시집

을지출판공사

잃어버린 시간을 찾아서

-생명의 존엄성 회복을 위하여

회갑에 귀향하여 70이 넘었다. 지난 10년간 문화해설사로 봉사하면서 고창의 역사 문화를 탐구하였다. 늦게나마 나의 정체성 확립을 위하여 고향의 산천, 역사, 문화, 인물 등을 탐구하여 왔다. 그동안 탐구한 글들을 고창신문에 기고하기도 했지만 남은 글들을 여기에 모아 놓으려고 한다. 사람이 살다간 흔적이 역사다. 역사는 기록이다. 기록이 남아 있지 않으면 흔적도 없이 스쳐 가는 바람과 같다. 역사가 없다면 사람이 금수와 뭐가 다를까?

역사는 기록으로 남아 있어야 역사가 되는 것이다. 역사가 기록으로 남지 않으면 역사는 소멸한다. 역사는 인간의 기억 속에서 곧 사라지기 때문이다. 동학혁명에서 무장기포라는 엄청나게 중요한 사건이 있었지만 90여 년간 잊혀져 있었다. 1894년 무장기포(茂長起包) 이후 90여 년 자세

한 기록이 발견되지 않았고 아무도 밝히려 하지 않았다. 무장기포는 동학혁명 역사에서 완전히 사라질 뻔했다. 천만다행으로 1980년대 초반 무장포고문이 발견되었다. 이후 30여 년간 여러 학자에 의해 연구되고 논문이 발표되면서 무장기포는 비로소 2020년 고등학교 교과서에 실리고 동학혁명 역사에 편입되었다.

나의 탐구 활동은 잃어버린 시간을 찾아가는 것이다. 옛날에 자연은 거칠고 황폐했지만 사람에게 해로운 것은 없었다. 옛날은 아주 평화로웠다. 사람들은 자신을 존중하고 타인을 존중했다. 사소한 일로 자살하거나 악랄하게 남을 죽이는 일은 없었다. 지금은 물질은 넘치도록 풍요롭지만 빈곤에 죽는 사람도 많다. 문명 이기는 발달하여 몸은 편하고 시간은 남아 돈다. 좋은 것을 많이 먹어 힘이 넘친다. 시간과 물질이 남아 돌아가니 끝없이 오락과 쾌락을 추구한다. 그런데 세계 10위권 경제 대국이 되어 간다는 우리나라에서 경제적 불평등과 정신 분열 및 타락으로 인간으로서 부끄러운, 동물보다 못한 자살, 살인 사건이 하루에도 수십 건씩 일어나고 있다.

지금 과학은 상상을 초월할 정도로 발달하고 있으나 자연과 생명은 파괴되고 인간의 존엄성은 상실되고 있다. 자연으로 돌아가야 한다. 자연을 존중해야 한다. 자연을 혹사하면 자연이 인간을 공격한다. 상대방에서 너무 많은 것을 뽑아내려 하면 변종이 발생한다. 변종은 본래의 성질을 잃고 자연을 해치고 인간에게 독이 된다. 사람도 옛사람들의 소박한 마음으로 돌아가야 한다. 상호존중과 절제의 마음으로 돌아가야 한다. 1등주의 무한경쟁은 살육경쟁이다. 이제 "잃어버린 시간을 찾아서" 거치른 본래의 자연과 옛사람의 소박한 마음을 찾아가야 한다. 그곳은 무릉도원이다. 더 늦기 전에 무릉도원을 복원해야 한다.

옛날, 그리 먼 옛날도 아니다. 조선 시대나 1950~60년대까지도 우리 조상들은 궁핍하게 살았지만 열심히 일하면서 가족을 위하여 공동체를 위하여 희생하며 살았다. 희생이 가족과 사회와 국가를 지탱하는 버팀목이었다. 넉넉한 재물이 가족을 지탱하여 준 것 아니다. 힘이 넘치는 완력이 국가를 지탱하여 준 것 아니다. 가정과 사회와 국가를 지탱하여 준 것은 희생이다. 우리나라는 삼국 시대 이래로 가정과 사회와 나라를 지탱하는 법으로 충효(忠孝)를 지켜 왔다. 효(孝)란 무엇인가, 섬기는 것이다. 존중하는 것이다. 희생하는 것이다. 국가와 공동체를 위하여 희생하는 것이 충(忠)이다. 가족과 공동체를 존중하고 희생하는 것이 효(孝)다. 효의 희생정신을 잃어버리고 자유경쟁과 무한경쟁으로 치달은다면 결국은 모두가 다 죽는 살육경쟁으로 달려가는 것이다.

다시 무릉도원을 살려 내고 싶다. 무릉도원은 "잃어버린 시간" 속에 있을 것이다. 잃어버린 시간을 찾아서 옛일과 옛사람의 삶을 찾아보고 거기에서 길을 찾아보려 한다. 무릉도원은 희생으로 이루어진다. 희생하지 않고 세상은 지탱할 수 없다. 모두가 제 한 몸 위해서만 산다면 늘상 부딪히기만 하고 싸움만 일어날 것이다. 다행히 고창은 자연과 환경을 보전하고 생명을 살리는 일에 앞장서고 있다. 유네스코가 고창갯벌을 세계자연유산으로, 고창군 전역을 세계 생물권 보전지역으로 인정하였다. 자연과 생물권이 잘 보존되어 있는 것이다. 고창에서 무릉도원이 다시 살아나고 있다. 이제 사람들만 옛사람의 마음으로 돌아가면 된다.

소박한 충효(忠孝)의 마음을 찾으면 된다.

"인륜이 무너지면 나라가 무너진다". 고창 땅 무장현에서 동학혁명을 일으킨 이유다. 인류는 화성탐사를 목전에 둔 최고의 과학을 이루었음에도 인륜을 세우지 않으면 인간 세상은 서로 끝없이 물고 뜯는 동물농장이 되고 말 것이다. 효(孝)를 생각한다. 효는 봉사하고 희생하는 일이다. 부모가 자식을 위해 온몸을 바쳐 희생하며 양육하는 것은 내려 주는 효(孝)다. 부모가 힘을 잃거나 노년이 되면 자식이 온몸을 바쳐 희생하며 섬기는 것은 바치는 효(孝)다. 손자는 한 가정에서 부모가 조부모를 섬기는 것을 보고 자라야 한다. 그래야 자연히 효의 흐름을 알게 되는 것이다. 책이나 학교에서 가르쳐서 될 일 아니다. 지도자(국가)가 사리사욕 없이 국민을 위해 희생한다면 국민은 언제든지 국난에 충(忠)을 바칠 것이다. 충(忠)과 효(孝)는 같은 것이다. 가정은 가족의 희생으로써 이루어지는 것이고 국가는 국민의 희생으로써 존립하는 것이다, 효(孝)로써 교육을 세워야 한다. 희생 없이 공동체는 지탱할 수 없다. 가정도 국가도 충효 없이 유지될 수 없다.

지난 10여 년 고향에 살면서 늙어 가는 촌부로서 사유와 탐구의 길을 걸어 왔다. 이 글은 우리의 자연과 공동체를 지키려는 광야의 외침이라고 생각해 주시길 바랄 따름이다. 그동안 졸렬한 시문이나마 책을 내겠다 하면 몇 번씩이나 서울에서 달려와 선운사 계곡에서 복분자 술과 풍천장어로 원기를 북돋아 주고 사진까지 찍어 주는 풍류도인 김수일 선생, 참으로 감사드립니다.

또한 늘상 저의 책을 꾸며 주고 편집하고 발간까지 맡아 주신 을지출판공사 김효열 대표님께 깊은 감사의 말씀을 드립니다.

2021년 11월

고창군 아산면 상갑리 영모재에서

죽당 강 희 석

Contents

차 례

제 2 부 잃어버린 시간을 찾아서

Contents

제 3 부 살며 생각하며

제 4 부 그리운 사람들

제 1 부

단 상(斷想)

찬서리 정월 초하루 새벽
방장산 올라오는 붉은 해
칠십 노인도
다시 붉어지는
사그라든 그 횃불

1.

찬서리 정월 초하루 새벽
방장산 올라오는 붉은 해
칠십 노인도
다시 붉어지는
사그라든 그 횃불

2.

밤새 흰 눈이 펄펄
뒷산에서 온밤을 떨던
산비둘기 직박구리 박새들
아침 마당에 내려와
날갯짓 퍼덕퍼덕
집 나간 자식들 돌아오니
허전했던 마음이 분주하네

3.

5월이면 올라오는
초록 양탄자 깐
선운산 산봉우리
아! 5월에 다시 피어 오르는
싱그런 마음이여

4.

조선시대 충(忠) 효(孝) 열(烈)
가정을 지탱하는 기둥
나라를 지탱하는 기둥
허벅지 베어 남편을 살리고
바닥난 찻독 긁어 모아
선조님 제사 모시고

5.

진리가 모여 있는 하늘
진리의 하늘은 어디에 있을까
소크라테스 예수님은 알고 있겠지
진리가 모여 있는 섬
진리의 섬은 어디에 있을까
석가모니 공자님은 알고 있겠지

6.

천둥과 먹구름이 힘을 합하여
한 송이 국화꽃을 피우고
하늘과 땅이 힘을 합하여
민들레꽃 하나를 꽃피우고

7.

초목은 여름을 지나면
머리가 무거워지는 것이다
머리가 무거워
고개를 숙이는 것이다
그래서 10월이면
벼도 고개를 숙이고
수수도 고개를 숙이고

8.

펄펄 날리는 눈발 속에서도
암탉은 달걀 다섯 개나 낳았다
암탉은 본능에 충실하구나
동물은 본능에 충실하고
사람은 이성에 충실하면 돼

9.

비우자 비워 버리자
가벼워지는 몸
가벼워지는 마음
아침마다 비우자
하루 한 번씩 가벼워지는 마음

10.

왜 자꾸 죽는 걸까
왜 자꾸 죽이는 걸까
OECD 10위 안에 드는 부자 나라
그 많은 돈은 다 어디에 있는가
굶어 죽는 일은 없어야 한다
부모가 아기를 죽이는 일은 없어야 한다
어른이 아기를 죽이는 걸 보면
부끄러워지는 마음
금수보다 나은 게 없구나

11.

묵은닭은 겨울에는 알을 안 낳다가도
봄이 되면 낳기도 한다는데
오늘은 2월 18일
살얼음이 얼고 쌀쌀한 날씨인데
묵은닭이 네 개나 알을 낳았다
곧 봄이 오려는가 보다

12.

인(仁)이란 인간다움인데
몸속에 인(仁)이 없다면
인간다움이 없는 것이다
인간다움이 없으면
동물다움만 있는 것이다

13.

몸속에는 게으름과
부지런함이 있는데
부지런함이 없으면
게으름만 있는 것이다

14.

내 배 속 배고픔의
크기도 모르는가
오늘도 남았네
혼자 먹는 비빔밥

15.

추석을 앞두고
밤나무 밑을 지나갈 때
알밤 하나 머리통을 때린다
어지럽던 정신이 번쩍
"너 어디쯤 가고 있는가"

16.

속으로 꽃피우고
속으로 익어 가는 무화과
무얼 보고 몰려드나
호랑나비 말벌들
천지 자연이 맺어 주는
기막힌 연분

17.

누구나 죽으면
한 줌의 재, 한 줌의 흙
인간의 존엄도 타 버리는가
흔적도 없네

18.

70까지 쓸어 담았건만
쭉정이만 담았나
아직도 똑바로 서지 못하네
아직도 빈 자루인가
부끄러워지네 지난날

19.

하늘은 성품과 명을 주고
부모는 몸과 형상을 주고
나는 받은 나를 완성해야
나는 바로 서는 것이다

20.

가벼운 것보다는
무거운 것을 먼저 옮겨야
말보다는 실천을 먼저 해야
확실히 이루어진다

제 2 부

잃어버린 시간을 찾아서

나는 날마다 한 번씩 울창한 방장을 본다
지금도 산 너머에서 해가 오르고
무지개가 뜨는 마을이 있을 거라 믿고
나는 오늘
푸른 꿈꾸는 소년이 된다

성틀봉 고인돌 사람들

3천 년 침묵으로 말하지 않고
또 3천 년 침묵으로 말하지 않을
성틀봉 고인돌
검은 돌집 속에 사는 사람들

산짐승 잡아먹고
물고기 잡아먹고
하늘 섬기고
조상 섬기고
신나게 왁자지껄하게
모여 살았다는 걸
왜 말하지 않는 거야
먼 먼 옛날의 당신들

영원히 깨지지 않는 돌궁전이라 생각했겠지
천둥도 벼락도 깨뜨릴 수 없고
산덩어리가 눌러도 깨지지 않는

영원불멸의 돌궁전이라 생각했겠지

그 돌집 속에만 들어가면
그 돌집 속에 앉아서 하늘만 섬긴다면
아버지 할아버지 그리고
대대손손 아래 아래 손자들까지
천년만년 한집에서 살 수 있을 거라고
신나고 왁자지껄하게 살 수 있을 거라고
믿고 있겠지 지금도

이제는 세계가 지켜 주는 세계문화유산
5백 채의 성틀봉 돌궁전
3천 년을 그 집에서
그 돌집에서
침묵하며 살고 있지만
지금도 끄떡없습니다
안심하고 3천 년은 더 살 것 같아요

인천강 황새여 백로여

방장산 문수산 구황산
골골히 흘러내린 냇물
그 냇물 모두 모여
고인돌 쌍천(雙川) 들판에서
인천강 강물을 이뤘네

명메기 샘물 솟구쳐
냇물은 굽이굽이 5십 리 흘러
물길 풍덩풍덩 농사짓고
곰소만 바닷가에 황토 부리니
수천 년 쌓인 황토
고창 갯벌엔
길게 칠게 바지락
갯벌을 덮었네

먼 옛날 고인돌 선사의 날부터
긴 다리 황새는 써래질 무논에서
미꾸라지 우렁을 잡고

삼천 년 오천 년 인천강에서
냇물 따라 강물 따라
백로는 하얗게 살았어라

3천 년 전 매산리 고인돌 들판
물고기 풍년이라
살기 좋다 소문나니
방장산 아래
사람들 모여들고
사림들 모여
고인돌 부족이라

고창 들판 지키는 인천강 황새
고창 갯벌 지키는 인천강 백로
수천수만 년 대대(代代)를 이어
인천강을 지켰네
고인돌을 지켰네

싸랑부리와 토끼풀

50, 60년대 농촌에선
초등학생이나 중학생 소년들은
집집마다 토끼 한두 마리 길렀다

소년들이 공들여 키우는 토끼는
싸랑부리나 토끼풀만 먹으면
새끼를 잘 낳았지
한 번에 대여섯 마리씩 낳았지

농촌 소년들에겐
토끼 새끼 낳는 날은
내 생일날처럼 기쁜 날이었다

토끼는 싸랑부리를 잘먹고
토끼풀 클로버도 잘 먹었다
농촌 학생들은
학교 갔다 돌아오면

들판이나 언덕이나
싸랑부리 토끼풀 뜯으며
해 가는 줄 몰랐다

아, 토끼 새끼 팔아
노트 사고 운동화 사고
노블 콘사이스도 살 수 있는
소박한 꿈은 부질없는 것인가

토끼를 키우고
희망을 키우는
토끼풀 같은 싸랑부리 같은
푸른 시절은 다시 오는가

아버지의 괭이

내가 60 넘어 도시에서
옛집에 귀향하였을 때
헛간에 괭이 한 자루 걸려 있었다

아버지는 돌아가시고
괭이 한 자루 남겨 놓으셨다
닳고 닳은 괭이 한 자루
자루마저 반쯤 부러진 괭이 한 자루

아버지는 오른손잡이
오른쪽만 비스듬히 닳아진
그 괭이는 오른손잡이
나에게도 딱 맞았다

그 닳고 닳은
60년은 족히 써먹은
자루마저 부러진 그 괭이 한 자루

오른손잡이 농부 아버지가
물려준 썩지 않은 유물

오늘 아버지가 한평생 땅을 일궜던
그 부러진 괭이자루 잡고 보니

아, 점점 뜨거워지는 아버지의 힘
아, 점점 뜨거워지는 아버지의 사랑

벌초라도 잘하면

할아버지 해방 직전 44년에 돌아가시고
아버지는 몇 년간 명당 찾고 찾아
상원사 앞 방장산 기슭
간좌에 고이고이 모셨는데

할아버지 방장산 명당에 모시고
아버지는 내가 명당바람을 받아
속으로는 한자리 하기를 빌었다
나는 50년 민족상잔의 싸움판에 태어나고
고희를 앞에 두고 평생 광야를 걷고 있는데
나는 그간 무슨 명당바람을 받았는가

평생 벌초도 몇 번 안하고서
명당바람은 무슨 명당바람
잡초 아카시아 무성한 묘 등에서
오늘 한나절 육철낫에 조용한
풀 깎기 한나절

스륵스륵 풀 베는 무수한 작업 속에서
명당바람이 무엇인지 알았습니다

할아버지 산소 벌초라도 잘하면
방장산 널따란 마음을 받을 수 있고
방장산 묵직한 마음을 받을 수 있고

명당바람은 그것이었습니다
아버지가 빌고자 하는 바람은
방장산의 마음 그것이었습니다

찔레꽃 산길을 걸으며

어머니, 5월
내가 아직 10살 무렵
푸른 보리 이삭 막 익어 가던 날
산골짝 건너 뻐꾸기 노래 들으며
어머니 따라
산 넘어 밭에 가던 날

찔레꽃은 하얗게
먼 하늘 뭉게구름처럼 하얗게 피어나고
뻐꾹뻐꾹 뻐꾸기 노래는
하늘 속에 멀리멀리 퍼져 나갔죠

어머니, 이제 60년 지나
다시 5월이 왔어요
이제 무더위가 오는 날
찔레꽃 핀 산길을 걸으며
어머니 한숨소리 듣는다

그날에는 뻐꾸기 노래 들었고
오늘은 어머니 한숨소리 듣는다
송홧가루 날리는 호젓한 산길을 걸으며
힘에 겨워 내쉬던 가느다란
그 한숨소리 듣는다

오늘, 어머니 없이 나 홀로 가는
하늘마저 고요한 산길에서
나지막한 당신의 목소리로
불러 주는 내 이름을 듣고 싶어요

찔레꽃처럼 희고 흰
당신의 나지막한
목소리를 듣고 싶어요

날마다 볼 수 있는 산 하나 있다면

날마다 볼 수 있는 산 하나 있다면
날마다 볼 수 있는 울창한 산 하나 있다면
늙는 것도 잊을 수 있다
울울창창하게 행복할 수 있다

날마다 울창한 북악을 한 번씩 볼 수 있다면
젊은 날 올랐던 북악을 날마다 볼 수 있다면
우린 청춘의 빛나는 얼굴로 돌아갈 수 있다
한없이 날아오르고 싶은 열망을
오늘도 느낄 수 있다

날마다 울창한 백두를 한 번씩 볼 수 있다면
저 광활한 만주 벌판
저 하늘 높은 고산 준령을 진군하던
호태왕 광개토왕이 될 수 있다

나는 날마다 한 번씩 울창한 방장을 본다
지금도 산 너머에서 해가 오르고
무지개가 뜨는 마을이 있을 거라 믿고
나는 오늘
푸른 꿈꾸는 소년이 된다

바다는 꿈만 주고

우리 청춘의 젊은 날
거목을 꿈꾸며
바다로 몰려 갔었지
광막한 바다 저 멀리에
우리가 쫓아왔던
빛나는 꿈이 있을 거라 믿고

바다는 천 길을 내려가도 끝이 없고
바다는 만 리를 달려가도 끝이 없고
끝이 없는 광막한 그 바다에서
우리는 수평선이 끝나는 그곳에
빛나는 우리의 꿈이 있을 거라 믿고
백 날을, 천 날을
수평선 끝을 향하여
바다를 헤쳐 나갔지

동해바다 깜깜한 바다에서

함수에 부딪히는 파도 소리 들으며
언젠가는 수평선 끝까지
헤엄쳐 나가
그곳에 펼쳐진
꿈을 잡으려고 했었지

백령도 칠흑 같은 밤바다
바다를 휘몰아 가는 폭풍과
군함을 뒤집는 거센 파도를 맞으면서도
우리는 수평선 너머 있을
그 빛나는 꿈을 잡으려고
바다로 바다로
항해해 나갔지

그 깜깜한 밤바다에서
그 폭풍우
그 눈보라 뚫고

수평선을 넘어갔지만

꿈은 어디에 사는가
꿈은 수평선 너머에만 있고
꿈은 출렁거리는 파도
저편 끝에만 있고
수평선은 애당초 끝이 없는 것

바다는 꿈을 주는 곳
바다는 피 끓는 청춘에게
꿈을 주는 곳

꿈은 닿을 수 없는
수평선 너머에서
보일 듯 말 듯, 먼 곳에서
우리를 부르고
그래서 우리는 알 수 없는

그 먼 곳을 향해
쉬지 않고 달려 가고

우리는 바다를 떠나
각자의 길을 가지만
바다는 지금도 수평선 너머
우리를 부른다

무장기포 들판에 서서

무장기포 동학혁명의 뜨거운
횃불이 타오른 갑오년 3월 20일
127년 지나 또다시 3월
그 들판에서 피끓는 함성 듣는다
한맺힌 무장현 농민 함성 듣는다

구수내 벌판과 하늘을 뒤흔든
보국안민 제폭구민
보국안민 광제창생

오늘 버들가지 푸르게 뻗어 가는
구수내 냇가 모래 벌판에서
보국과 인륜을 지키려고
목숨을 걸고 일어난 무장현
동학 농민들 초야의 유민들
밀물같이 터져 나오는 절규를 듣는다

눈 어두운 임금 옆에는
염치없는 공경대부 수령방백
수탈하는 관리들만 득실대고

아! 쓰러지는 나라
아! 쓰러지는 백성
누굴 믿고 살아야 하나

백성은 나라의 근본이다
근본이 쓰러지면 나라가 멸망한다
백척간두에서 참고 참았던
손화중 대접주 횃불을 들었네
4천 병력으로 혁명을 출정했네

갑오년 그날엔 복합상소로 시끄러웠고
지금은 가짜뉴스가 난무하는 광화문 광장
나라가 위태로울 때 백성들이

울분을 터뜨리는 광화문 광장인데

오늘 저 탐욕한 정치꾼들
지금 성난 촛불은 꺼지고
또다시 파렴치한 모리배가 난무하니

아! 누굴 믿고 살아야 하나

(2021년 3월)

변산 토끼와 소요산 토끼

고창의 귀퉁이 바닷가에 질마재 마을이 있습니다. 미당이 태어나고 미당의 수많은 시를 잉태하던 마을입니다. 무진장 이야기가 많이 내려오는 마을입니다. 미당은 이 마을에 내려오는 50개나 되는 이야기를 신화로 만들어 버렸죠. 그 유명한 질마재 신화입니다. 이 이야기는 다행히 미당이 놓친 것입니다. 이것도 옛날부터 질마재에 내려오는 이야기입니다

질마재 마을 뒤에는 소요산이 있고요, 소요산은 바다 건너 북쪽으로 변산을 바라봅니다. 질마재 마을 앞에는 바다가 길게 누워 있죠. 그리고 바다 건너에는 고부에서 격포까지 변산 산맥이 칠산 바다를 연모해 달리지요. 그러니까 소요산은 바다 건너 북쪽으로 변산을 바라보고요 변산은 바다 건너 남쪽으로 소요산을 바라봅니다. 바다라 해 봐야 썰물 때는 바닥이 드러나는 갯벌입니다

그 옛날부터 그러니까 백제 때인 것 같습니다. 선운사

창건하신 검단선사께서 소금 굽는 것을 가르쳐 준다고 소문이 나서 이곳 질마재에도 사람들이 많이 몰려와 살았답니다. 갑오년 동학혁명 전까지만 해도 질마재 사람들은 순전히 소금 구워 먹고 살았죠. 그런데 겨울이면 횡재가 생겨 겨울만 되면 토끼 주워 먹는 재미가 쏠쏠했다는 것입니다. 질마재 사람들이나 곰소 사람들은 겨울만 되면 토끼탕에 토끼구이에 볼태기가 미어질 정도로 잘 먹고 잘살았다는 얘기입니다.

변산과 소요산에는 옛날부터 토끼가 많이 살았는데요, 질마재 사람들은 아직 쌀쌀한 2월에 소요산에 올라가면 얼어 죽은 토끼들을 몇 마리씩 주워 오곤 했답니다. 이유는 이렇습니다. 소요산 토끼들은 눈이 많이 내리면 겨울 내내 굴속에서 나오지 않고 창문을 통해 바다 건너 변산 산비탈만을 바라본다는 것입니다. 그런데 2월이 되면 변산의 남쪽 산비탈은 양지쪽이 되고 그래서 눈이 일찍 녹고 냉이도 자라고 복수초도 꽃을 피운다네요. 그러면 소요산 토끼들은 변산의 푸릇한 산비탈을 보고 "아, 봄이 왔구나, 풀 먹으로 나가자" 하고 굴에서 뛰쳐 나왔답니다. 뛰쳐 나와 보니 소요산 굴 밖은 응달이어서 눈이 아직 무릎까지 푹푹 빠지는지라 뛰쳐 나온 토끼들은 오도 가도 못하고 얼어 죽고 만다는 것입니다. 질마재 사람들은 토끼를 주워 공짜 토끼 사냥으로 겨울 내내 몸보신하면서 소문은 밖으로 새 나가지 않게 쉬쉬한다는 것입니다. 검단선사 때부터 갑오년 동학혁명 때까지 토끼를 주워 먹고 살았으니 아마 천 년도 넘게 횡재를 하는 것이겠죠.

그런데 질마재에서 바다 건너 곰소에는 3월에 토끼탕 끓이는 냄새가 진동한다는 것입니다. 사연인즉 소요산 토끼와 반대의 운명입니다. 겨울에 눈이 많이 내리면 겨울 내내 굴속에서 나오지 않고 창밖으로 소요산만 바라본다는 것입니다. 소요산의 북쪽 산비탈은 응달로 3월이 되어도 눈이 녹지 않고 한 자도 넘게 산을 덮고 있습니다. 3월 말이 되면 소요산 눈 녹기만을 기다리던 변산 토끼들은 "아휴

배고파, 밖에 나가 풀 뜯어 먹고 싶은데, 왜 이렇게 늦게까지 눈이 안 녹는 거야" 하면서 배를 움켜쥐고 누워 버린답니다. 그리고 누운 채로 굶어 죽는 토끼가 부지기수라는 것입니다. 그러면 곰소 사람들은 늦은 봄에 변산에 올라가 토끼굴을 찾아다니며 굶어 죽은 토끼를 주워다 먹었는데 이것도 곰소 사람들에게는 천 년 넘게 내려오는 횡재라는 것입니다.

토끼에게는 아주 슬픈 얘기이지만 질마재 사람들이나 곰소 사람들에게는 하늘이 특별히 보살펴 주는 무슨 이유가 있는 것이겠지요. 그러나 지금까지 천 년 넘게 아무도 그 이유를 모른다는 것입니다.

제 3 부

살며 생각하며

희망은 하루하루 쌓아야 한다
희망은 바로 내 머리 위에 있다
저 먼 곳에 있는 희망은
신기루일 뿐이다

담쟁이

운명인가 싶다
어떤 곳 담벼락 밑에 생겨 나와
오르지 않으면
살 수 없는 운명

손가락 닳고
어깨 힘 빠져도
올라가야만 하는 운명

담장 꼭대기에 오른다고
바다를 볼 수 있는 것도 아니고
하늘에 닿을 수 있는 것도 아니다

오직 오르는 것만이 희망
생명이 끝나는 날까지
한뼘 한뼘 벽을 오를 뿐이다

나는 담쟁이 마음을 따라야지

환하게 바라보이는 희망이 아닐지라도
한걸음 한걸음
생명이 끝나는 날까지
희망을 좇아 걸어갈 뿐이야

산비둘기 울음 기다리며

3월이 다가오면
뒷동산에서
산비둘기는 국 - 국 - 운다
올해도 어김없이 울어 준다

매화 가지에 꽃망울이 움을 트고
섬돌 밑에 봄까치 꽃도 올라온다

새들은 어디에서 겨울을 나며
봄풀들은 어디에서 겨울을 나는가

짐승들에게는 하늘이 잘 곳을 주고
풀들에게는 땅이 잘 곳을 주고

그렇게 하여 우리 모두는
봄이 되면 다시
만날 수 있는 것이니

자비롭도다 신비하도다
하늘이여 땅이여

끝없는 하늘 속에서
끝없는 시간 속에서
세상을 펼치고
만물을 살아나게 하는

우주 천지 앞에 끝없이
우리는 외경하고
우리는 겸손해야 한다

해바라기의 꿈

6월이면 타오르는 꿈
활활 타오르는 노란 불덩이
지심 속 불덩이의 힘을 뽑아올려
세상을 환하게 밝히는 썬파워

땅은 만물의 싹을 틔우고
땅은 만물에게 젖을 먹여 키우고
하늘은 열매를 영글게 하고
하늘은 씨앗을 잉태하게 하고

하늘과 땅이 힘을 합쳐
만물은 태어나고 생장하고 죽고
바람에 흩어지고 땅에 묻히고

아, 아름답다
만물의 자라는 생의(生意)
아, 평화롭다

만물은 어울려 조화롭게 살아가고
아, 거룩하다
만물은 살 만큼 살고 죽어 가는

해바라기는 꿈꾼다네
한 번 죽어도 다시 태어나고
해가 지나면 또 태어나서
끝없이 끝없이
다시 꽃피울 수 있기를

사람이 그리우면 해바라기를 심자

적막한 농가에
찾아오는 사람이 없네

오늘은 누가 오나
날마다 문간을 보아도

오늘은 유월 초하루
노오란 얼굴
샛노란 둥근 얼굴
키 큰 손님이 찾아온다

작년부터 알았지
사람보다는 해바라기가
유월이면 찾아온다는 것을

그래서 올봄에 심었지
마당가 곳곳에 해바라기를 심었지

노오란 얼굴을 기다리며

올해도 유월은 오고
노오란 얼굴은 아침마다
문간에 들어온다

사람은 오지 않는데
해바라기는 온다 유월에는
내년에도 먼먼 내년에도
유월에는

사는 것이란

사는 것이란
살아서 가는 것이다
목숨을 부지하고 가는 것이다

내 목숨일지라도
내가 맘대로 어찌할 수 없는 것이다
신께서도 그 누구도
어찌할 수 없는 것이다

사는 것이란
앞에 있는 무슨 희망을
찾아서 가는 것이다

희망은 뚜렷하게 보이지 않지만
마음속에 있는 것이다

마음속에 그려 보면

그려 볼수록
그 모습은 더 뚜렷해지고
더 가까이 다가오는 것이다

사는 것이란
늘 마음속에
희망 하나 품고 그려 가며
좇아가야 하는 것이다

속을 비워야 근심도 풀린다

속을 비워야
근심 걱정을 비울 수 있다

사람 속에 무엇이든
오래 쌓여 있으면
몸속이 무겁고 머리 속이 무겁고
쌓인 것은 썩고
몸과 정신이 탈이 난다

몸속에 쌓인 것들은
선운산 구운 죽염으로 녹이고
몸밖으로 내보낼 수 있다

머리 속에 쌓인
기억이나 상념들은
노래와 창으로
머리 밖으로 내보낼 수 있다

우리는 배 속이나 머리 속을
가끔씩 비우고 속을 풀면
몸은 가벼워지고
머리 속은 맑아지는 것이다

배 속을 비우고 머리 속을 비우면
근심도 걱정도 다 같이
내 몸속에서
빠져나가 버리는 것이다

하나의 봄, 하나의 평화

2018년 4월
한반도에 봄이 내려왔다
70년 갈라진 봄이 하나가 된다
70년 갈라진 하늘이 하나가 된다
8,000만 개 갈라진 마음이
한마음 된다

한반도에 내린 봄은 뜨거웠다
암흑 악몽 고통의
긴긴 겨울을 녹였다
쇠창살도 불화살도 녹였다

한반도에 수십 년 멈췄던
평화의 시계
초침이 다시 돌아가기 시작한다

녹슨 경의선에서 기적 소리가 울리고

판문점 언덕에는 희망의 소나무를 심는다
우리는 이제 판문점 언덕에
평화와 번영을 심는다

2018년 평화
새로운 시작
멈춤 없이 가슴이 설레이는
용광로처럼 가슴이 뜨거워지는
솟는 해처럼 가슴이 벅차오르는

아, 잃었던 우리의 평화
이제는 목숨 걸고 목숨 걸고
함께 지켜야 할
우리의 평화
우리의 역사

희망은 콩 넝쿨따라

그 번화한 도시에서도
그 안락한 침실에서도
피는 마르고
골수는 빠져 나갔다

무력한 일상
무망한 아침
다시 한번 희망을 갖고 싶다

농가의 7월
장대를 감고 오르는 콩 넝쿨
끝을 알지 못하지만
하루 한 뼘씩 위로 위로
희망을 키우는 콩 넝쿨

넝쿨은 장대 끝을 보지 않는다
하루하루 오를 뿐이다

희망은 하루의 오름이다

희망은 하루하루 쌓아야 한다
희망은 바로 내 머리 위에 있다
저 먼 곳에 있는 희망은
신기루일 뿐이다

두어 달이 지나면
가을이 오고
바람이 서늘해지고
잎이 말라 죽어 간다는 것을
왜 넝쿨은 모르겠는가

그러나 넝쿨은 이 순간
오늘 하루를 위해 최선을 다할 뿐이다
오늘 이 순간
기어 오르고 뻗어 갈 뿐이다

그러면 오늘의 희망은 이루어지고
내일의 희망은
넝쿨 끝 하늘 속에
또 자리를 잡는다

한잔의 술

우리가 무력하고 무망함에 빠져
아주 깊은 절망에 빠져들 때
한잔의 술을 마시자

한잔의 술은
우리의 피를 덥히고
사그라지는 맥박을 뛰게 하고
얼굴을 붉게 하고 심장에서
쿵쿵 힘을 일어나게 한다

장마 속 어두운 하늘과
검은 구름이 몰려가는
어둑어둑한 들판과
고요히 독대하고 앉았을 때
한잔의 술을 마시자

한잔의 술을 마시면

나는 몽고의 평원을 달리는 칸이 되기도 하고
거친 산길을 헤쳐 가는
동학 농민군이 되기도 하고
만장에 운집한 군중들 앞에서
춘향가 한가락 멋들어지게 뽑아 보는
소리꾼이 되기도 하고

한잔의 술은
가라앉은 가슴을 뛰게 하고
식어 가는 몸을 덥게 하고
우리를 그렇게 달려가게 하고
우리를 그렇게 신명나게 하고
그렇게 그렇게
사위어 가는 가슴을 살아나게 하나니

우리는 가끔씩
무력하게 힘 빠지는 날 오후에는

한잔의 술을 마시자

누구도 찾아오지 않고
하늘과 구름과 바람이
느릿느릿 소곤대며 지나가는 날
한잔의 술을 마시자

천 길 물속
천 길 바닷속
어두운 심연에서
나를 건져 주는 것은
한잔의 술이다

제 4 부

그리운 사람들

– 역사는 나라와 민족을 살린 사람만을 위인으로 기록하여 왔다. 가족을 살리고 이웃을 살리고 공동체를 살린 숨은 위인들도 많다. 내 주위에서 살다 가신(살고 계시는) 숨은 위인들의 고결하고 아름다운 삶을 찾아서 후세에 전하고 싶다. –

소씨(蘇氏) 할머니 허벅지 세 번 베다

조선에서 충효열(忠孝烈)은 목숨보다 위에 있었다네
나라가 존경하고 포상했다네
백성들이 우러러 섬겼다네

정조 때 고창 땅에 소씨 할머니
18세에 진주강씨 문중
고단한 선비 헌(櫶)에게 시집왔네
시집온 지 3년 만에 남편 숙증으로
회소할 길 막막하였네

날마다 목욕재계 하늘에 빌고
음식을 폐하고 부호에 전념하였네
백약이 무효하였네
낙망한 소씨 할머니 죽음을 각오했네
그러다가 소식 들었네
인육이 그 사람 살릴 수 있다고

귀가 번쩍 뜨였네
아무도 몰래 허벅지 살 베었네
닭고기에 섞어 끓여 드렸네
그 사람 생기가 돌았네
두 번만 더 먹으면 살 것 같았네

아무도 없는 깊은 밤에
또 한 번 허벅지 베어
닭고기라 속여 봉양하였네
원기 디욱 살아났네

원기 찾는 할아버지 보고
날 듯이 기뻤네
내 허벅지야 날이 가면 낫겠지
이 악물고 허벅지 한 번 더 베었네

닭고기인 줄 알고

허벅지 세 번 먹은 할아버지
기적같이 회소했네
할머니 너무 기뻐 여한이 없었네

어느 밤 할아버지
할머니 신음 소리 들었네
옷자락에 홍건한 피를 보았네
이번엔 할아버지 막막하여 실신하였네

다음날 아침
까막까치 떼 지어 모여들어
시끄럽게 울어댔네
까치들 감동하여
하늘에 빌며 울어댔네

소씨 할머니 소시(少時)적에
춘추 시대 열부록 읽었던가
개자추가 허벅지 베어

진(晉) 문공(文公)을 살렸는데

아, 거룩하다
시대를 넘어 2천 년을 넘어
나라를 넘어 고창 땅에
우리 할머니
춘추 열전에 살아 있으니

주) 개자추(介子推) : 진(晉) 문공(BC 636~628 재위)이 아직 공자의 몸으로 나라에서 쫓겨나 19년간 천하를 주유할 때 곤궁에 처해 몸을 보전하기도 어려운 지경에 처하였다. 공자를 호종하던 개자추가 허벅지 살을 베어 짐승의 고기라고 속여 헌신하자, 문공이 고깃국으로 알고 먹고, 몸을 보신하여 위기를 넘겼다는 고사(故事)로 유명함.

주) 소(蘇) 씨 할머니(1766~1798) : 고창군 아산면 진주강씨 필자의 문중 6대조 할머니이시다. 정조 때 열부로 추증되고 정려를 받았다. 고창군 아산면 상갑리 앞 언덕에 정려각이 있다.

죽계공 기흠(琪欽)을 사모하며

[죽계공 琪欽은 필자의 증조이다. 죽계공은 어떻게 살았는가? 아름다운 행적이 있어 고창의 대학자 박동수 선생이 글을 지었기에 여기에 소개한다. 이 글은 죽계공 효적비문이다. 효적비는 고창군 아산면 상갑리 영모재 앞에 있다.]

진실로 척선촌미(尺善寸美)의 행이라도 세교(世敎)에 보탬이 될 만하면 고인이 사책(史策)에 올려 래후 백세토록 권면하거든 하물며 孝는 백행(百行)의 근원이요 만선(萬善)의 으뜸이며 우주의 동량(棟樑)임에랴. 근고 孝子 竹溪 姜公 휘(諱) 기흠(琪欽)은 진주인으로 高麗 文敬公 諱 군보(君寶)의 后 丙子 義士 淸溪 휘(諱) 순(恂)의 8세손이요, 竹潭 처사 휘 혜중(惠重)의 子이다. 어려서부터 성(性)이 총혜(聰慧)하여 비범한 일이 많았으니 애들이 꽃가지나 송순(松荀)을 꺾는 것을 보고는 바야흐로 자라는 것은 꺾지 않는 것이라 책(責)하고 또 봉황이 비록 신령하나 반포(反哺)한다는 말을 듣지 못했으니 "저 까마귀와 봉황 중에 어느 것이 더 나은가?" 하는 말을 하여 어른들이 듣고 큰 그릇으로 기대했다. 적이 자라매 사친(事親)에 돈독하여 비록 중병(重病) 중이라도 정성에 더욱 성근하여 지체(志體)를 함께 받들었고 어버이가 병이 나면 약의(藥醫) 구호와 상분도천(嘗糞禱天)에 지극하지 않음이 없었으며, 지혈(指血)을 입에 쏟기까지 해서 명수(命壽)를 늘렸다. 모부인(母夫人)이 생선을 즐기매 비록 융동(隆冬)이라도 얼음을 깨고 물고기를 잡아 식탁에 올려 정성을 다했다. 전후 거상에 시훼(柴毁)하여 뼈가 드러났고 질대(絰帶)를 풀지 아니하고 주육을 들지 않으며 조석으로 곡묘(哭墓)하여 우설(雨雪)에도 게으르지 않았으며, 탈복한 뒤에도 슬픔이 미진하고 예(禮)가 유여하여 노년에 이르도록 더욱 간절했다. 몸가짐이 장중하여 평생 권호(權豪)의 문에 가까이 아니하고 다만 검소한 것으로 가정(家政)을 삼았고 위의가 엄정하여 이르는 바에 사람들을 외복시켜 감히 잡되고 희롱하는 말을 하지 못했으며 비록 천역을 하는 사람이라도 이문(里門)을 출입할 때는 반드시 팔을 걷되 팔꿈치에 이르지 않게 하고 다리를 걷되 무릎에 이르지 않게 했다. 우애가 더욱 돈독하여 비록 사소한 것이라도 모이지 아니하면 먹지 아니하고 소학 효경으로 수신의 부(符)를 삼아 자질(子姪)을 가르치되 의방(義方)으로 하니 방리(坊里)가 모두 화(化)했다.

오호라 공의 사친(事親)의 마디와 지신(持身)의 중함과 치가의 엄정함은 숙연히 古昔 碩人 長德의 기상이 있어 공은 가위 세상에 드문 선사(善士)요 또한 가위 세상에 모범이 되는 효자로다. 손자 天秀 또한 孝悌의 선비로 전에 그 선비(先妣)를 위해 효열비를 세우더니 또 祖考를 위해 효행비를 세워 그 사적을 기록하여 그 행의를 나타내려 하니 「효자 끊이지 아니하여 길이 너와 같은 사람을 내려 보낸다」 함이 이를 말함이라. 하늘의 보시를 과연 징험할 만했다. 명(銘)을 하니 진양 화벌이요 청계 초손(肖孫)이로다. 할아버지 충(忠)을 하고 손자 효(孝)를 하여 충효가 가문에 연했도다. 봉양에 지체(志體)를 다하고 우애가 형제간에 돈독했도다. 얼음에 생선을 얻고 지혈을 함은 효감(孝感) 있는 바요 사림(士林)의 천(薦)은 천추의 공론이라. 여기 정민(貞珉)에 각하여 백세토록 전할 말을 감히 할 수 있으리로다.

주) 반포 보은(反哺 報恩) : 까마귀는 새끼가 다 자라면 늙은 어미에게 먹이를 물어다 주며 키워 준 은혜에 보답한다. 공은 10여 세에 "사람들은 봉황을 다 좋다고 하지만 봉황이 늙은 어미에게 먹이를 가져다 준다는 말은 듣지 못했으니 저 까마귀와 어느 것이 좋겠는가?" 라고 말하여 어른들을 놀라게 했다.

영모재 기(永慕齋 記)

永慕齋(영모재)의 터가 마을에서 떨어지지 않으면서도 마을 속에 머무르지 아니하여 운림의 승경과 조망의 삽활함이 사람으로 하여금 오래 머물러 있고 싶게 하는데 이는 姜雅士 天秀가 그의 조부 학생공을 위해 건축한 것이다. 공의 세상이 이미 멀매 이 이름으로 편액을 함은 공의 묘가 두어 마장 들을 사이에 두고 높이 산정에 있기 때문에 실로 세천(歲遷) 재숙(齋宿)의 곳으로 쓰기 위함이라. 동우(棟宇)의 웅장함과 와맹(瓦甍)의 익연함이 족히 산천을 달리 뵈게 하니 다름 아니라 땅이 주인 얻었다 하리로다. 원컨대 공의 자손은 재실이 이루어진 것으로 내가 할 일을 다했다 말고, 주자(朱子)가 자손을 모아 가르친 정신을 늘 생각하여 신석(晨夕)으로 이곳을 쇄소하여 참으로 공이 오르내리는 것 같이 한다면 양양히 위에 계시는 듯, 좌우에 계시는 듯 다 공의 영(靈)이리니 어찌 더욱 힘쓰지 않을 것인가. 대학자 정홍채(鄭泓采)가 일찍이 公(竹溪)의 묘비문을 찬하여 공의 백행이 효에서 비롯함을 알거니와 오늘에 공의 제손(諸孫)이 십여종(十餘從)

이 되는데 천수(天秀)가 사손(嗣孫)으로서 매양 선사를 창도하면 옹옹 상화하여 조금도 간언이 없으니 이러한 것은 비록 말하기를 공의 효덕으로 쌓은 여경(餘慶)이 아니라 하더라도 나는 믿지 않을 것이요, 이를 특별히 써서 이 재(齋)에 오르는 동성 타성(同姓 他姓)을 막론하고 감발(感發)할 바 있게 한다.

을묘(1975) 11월 하동 정홍채(鄭泓采) 짓다

주) 영모재는 필자의 부친 강천수가 조고(祖考 : 죽계공 琪欽)를 기리고 후손들이 오래도록 길이 선조님들의 제사를 잘 모시게 하기 위하여 지은 집이다. 이 집을 지은 아름답고 고귀한 목적을 찬양한 글이 있어 여기에 싣는다. 영모재는 고창군 아산면 상갑리 입구 당산나무 뒤에 위치한다.

효열부(孝烈婦) 고흥 柳씨

고흥 유씨는 전통적인 유림의 가정에서 태어나 어려서부터 엄격한 부모로부터 규방의 범절을 배우고 부덕을 익혔을 뿐 아니라 천성이 단아하고 유순해서 얌전한 규수라는 칭찬이 드높았다. 성장해서 강씨(姜氏) 가문으로 출가했는데 시가(媤家)가 매우 청빈했고 시부모는 늙었으며 남편은 글을 좋아하여 살림을 맡아 꾸려 나갈 사람이 없었다. 부인은 지난날의 호의호식을 잊어버리고 낮이면 농사짓고 밤이면 길쌈하여 끼니를 이어 나가며 시부모에게 철에 따라 새 옷을 지어 드리고 끼니 때마다 고기 반찬으로 공양하는 한편 남편의 학자금까지 마련해 주면서도 조금도 고달파하거나 원망하는 빛을 보이지 않으니 시부모가 항시 현부(賢婦)라고 치하했고 집안에 화기가 넘쳤다. 그뿐 아니라 부인은 4대를 받드는 종부(宗婦)로 살림은 쪼들렸으나 제사를 간소하고 정결하게 정성껏 모셨으며 세 시동생을 성취시켜 분가시키는 데도 손색 없이 하여 시부모에게 근심을 끼치지 않았고, 일가간이나 이웃간에 굶주리고 헐벗은 사람이 있으면 옷과

밥을 주어 구제하니 향당과 친척간에 칭찬이 높았다. 시아버지가 종기를 앓아 4개월을 자리에 누워 기거 동작을 남에게 의지하게 되자 부인(며느리)이 밤낮으로 곁을 떠나지 않고 백방으로 다니며 좋다는 약은 아무리 어려워도 기어이 구해다 구완하여 쾌차하게 해 드리니, 사람들이 부인의 끈질긴 집념과 효성에 감동하였다. 시부모가 천수(天壽)를 다하고 세상을 떠날 때는 애통 망극하며 예절을 갖추어 장례를 치렀다. 그 후 부인이 55세 때 남편이 병석에 눕자 약을 구해 쓰고 명의를 맞아다 치료하며 지성으로 구안했으니 끝내 세상을 떠나자 하늘을 부르며 통곡하다가 기절하기도 하였다. 예제에 맞춰 장례를 치른 후 평생 미망인으로 자처하고 아무리 즐거운 일이 있어도 이를 드러내어 웃지 않았고 오직 자녀들을 의리로 가르쳐 가풍을 세우니 유림에서 근래에 없는 효열부라고 찬양하고 고창군 아산면 갑평리에 효열비를 세웠다. 아들 강천수(姜天秀)가 그 마을에서 유적을 보살피며, 어머니의 효도를 이어받아 효성이 지극하고 학식과 덕망이 높아 고창향교 전교(典敎)로 추대되어 유교의 중흥과 시들어 가는 윤리를 바로잡기 위해 헌신하고 있다.

주) 고흥 유씨(柳姓女, 1889~1972) : 본관 고흥, 夫 죽헌공 姜夏永, 父(시아버지) 죽계공 姜琪欽, 子 갑운공 姜天秀, 孫 姜熙石(필자). 고흥 유씨는 필자의 할머니이시다. 뛰어난 효성으로 아름다운 행적이 있어 1980년 발간한 대한충의 효열록에 기록이 있다. 아름다운 행실을 잊지 않고 후손에 전하기 위하여 여기에 효열록 기록을 옮겨 실었다.

갑운 진주 강공 천수 행장(甲雲 晉州 姜公 天秀 行狀)

晉州 姜公 天秀, 자는 杜元이요 호(號)는 甲雲이다. 우리 姜氏는 고구려병마도원수 이식(以式)을 시조로 나려(新羅 高麗)에 공경(公卿)의 벼슬이 이어졌으며 고려 국자박사 진산부원군 휘(諱) 계용(啓庸)을 기세조(起世祖)로 받들고 3전하여(3대 손) 문하시중 진원부원군 휘(諱)는 창귀(昌貴)요, 문하좌시중 봉산군 휘 군보(君寶)는 시호 문경(文敬)이다. 문하찬성사 진산부원군 휘는 시(蓍)요, 시호 공목(恭穆)이며 고려말 보문각 대제학 휘 회중(淮仲) 호는 통계(通溪)이니 本朝에서 네 번 불렀으나 불기(不起)하고 두문자정(杜門自靖)하였으니 고려 명신이다. 3전하여(3대 손) 예조참판 휘 징(澂)은 중종반정 원종공신(中宗反正 原從功臣)이다. 공의 현손(玄孫) 휘 순(恂) 호는 청계(淸溪)요 병자호란에 창의(倡義)했다가 강화(講和)가 성립되자 통곡하고 돌아와 가솔과 같이 남하하여 은거하면서 운곡에 정자 지어 朱子 眞像을 모시고 삭망(朔望)에 첨배경모(瞻拜景慕)하시고 후생을 계도하셨으니 입향조(入鄕祖)이다. 둘째아드님 휘 욱(郁)은 호 초당

(草堂)이며 효(孝)가 지극하였다. 휘 우일(遇一) 호는 봉곡(鳳谷)이며 행의로 알려졌으니 공의 7대조이다. 증조 휘는 혜중(惠重)이요 호는 죽담(竹潭)이니 문행 높고, 祖의 휘는 기흠(琪欽)이요 호 죽계(竹溪)이니 지효(至孝)로 모양삼강록(牟陽三綱錄)에 오르고 士林이 敬竹契(경죽계)를 두어 경모했으며 고(考)의 휘는 하영(夏永) 호 죽헌(竹軒)이며 성품이 침착하고 옳고 그름을 판단하는데 분명함이 있었다. 어버이 병환에 넉 달 동안 불철주야 간호하였다. 비(妣) 고흥 유씨(柳氏)는 인규(仁奎)의 따님으로 효열 천(推薦)이 있다.

公이 1918년 戊午 6월 20일 아산면 갑평에서 출생하시니 효우가(孝友家)에 지성을 타고나 효행이 남달랐으니 집이 가난하여 어려서부터 나무하고 품을 팔아 부모를 받들고 임종에 열지(裂指)하고 거상에 조석 전곡(奠哭)과 삭망성분(朔望省墳)을 한결같이 고례(古禮)에 따랐다. 公이 五代宗孫으로 爲先 갈성(竭誠)하고 5대조 이하 先山을 매입하여 위토를 조성하고 石物을 올렸으며 십조

항 종형제와 함께 상갑리 마을 입구에 조부 죽계공의 영모재(永慕齋)를 창건하고 의적을 수집하여 실기를 간행하고 경죽계(敬竹契)를 두어 孝行碑와 추모방명비(追慕芳名碑)를 세웠으며 선비(先妣)의 효열을 들쳐 기행비(紀行碑)를 세웠다.

마을 앞 들판에 홍수가 나면 구래보가 터져 전답이 유실, 침수 피해가 있어 석치동 앞 200여 미터를 직강하면 피해를 면할 수 있어 내가 상갑리 참사로 재임시 토목공사를 하는 친족이 있어 직강공사를 의뢰하였으나 설계를 해 보고 보조 없이는 할 수 없다고 하자, 公께서 지력으로 공사를 하겠다고 하여 군에서 설계한 대로 하폭 60미터 등 공사를 완료하고 하천 부지로 편입된 전답은 구하천 부지를 농토로 조성, 환토해 주었다. 주민의 숙원 사업에 손익을 가리지 않고 공사를 추진하셨다. 또한 1969년 대홍수로 갑평들 하단들판이 침수 매몰되자 5개 리 주민들이 간청하고 이석재 군수가 불도저 2대를 지원하여 주진천 직강을 의뢰함에 답 120두락을 매입하여 공사를 수행한 후, 하천 부지로 환토(還土)하고 보니 대토(代土)가 태부족했으나 주민들의 숙원사업을 이루었음으로 흠연히 정미소를 팔아 청산했다.

公이 면의원(面議員)으로 재임 중 나홍찬 전동옥과 함께 대아초등학교 설립에 현노(賢勞)하였다. 아산중학교 설립에 강정희 나홍찬과 함께 주선(周旋)했으며 다시 거금을 모취하여 전답을 매입 운동장을 확장하였다. 진주강씨 고창군 종회장 재임시 공이 각 읍면을 순방 모금하여 회관 부지 118평을 매입시 성금이 부족하여 공의 답을 설정, 대출 받아 매수하고 백만 원을 희사했다. 아산노인회장시 논 6두락 매입, 정조 15석을 기증하고 노인헌장비와 사적비를 세웠다. 고창향교 전교 재임시 단군성전(檀君聖殿) 건립을 추진, 공이 직접 일군(一郡)의 독지를 모아 단군성전을 건립하고 정조 20석을 기증하였다. 기산사원장(箕山祠院長)으로 제위답(祭位畓)을 조성하였다. 위선사(爲先事) 사회사(社會事)에 공헌이 지대하여 고창향교, 고창노인회, 전북유도회에서 효행 표창을 하고, 朴正熙 대통령을 비롯 도지사, 군수, 서장 그리고 관선회에서 선행 표창을 했다.

公은 2003년 6월 10일 향수 86에 돌아가시니 묘는 방장산 상원사 앞 선산에 모셨다. 배(配)는 청송 심씨(靑松沈氏) 경택(鏡澤)의 따님으로 1922년 9월 13일 아산면 중복리에서 출생하여 16세에 시집와 시부모 섬겨 효도하고 남편 공경하여 봉사(奉仕) 접빈(接賓)에 절도가 있어 종척(宗戚)이 칭송했다. 2007년 6월 2일 향수 86에 돌아가시니 묘는 쌍분이다. 소생은 4男 3女이니 長男 熙石은 안동 權純南을 맞아 子 信烈 女 佳英 明珍을 두고 二男 熙運은 광산 金貞子를 맞아 子 信根 女 孝珍 美珍을 두고 三男 和燮은 안동 金三順을 맞아 子 信曄 信明을 두었으며 4男 熙重은 상산 金貞淑을 맞아 子 兌信 女 다솜을 두었다. 서(婿) 밀양 朴炳庸은 아들 大均을 두고 전주 李南求는 啟秀 世勳을 두었으며 三婿 밀양 朴鐘弼은 아들 기수(岐洙)를 두었다.

公은 근면 성실로 치산하여 위선사(爲先事) 사회사(社

會事)에 공헌이 지대하여 덕망이 높은 분으로 평소 존경하던 바, 公의 만년에 족질인 내가 청계공파 종회장 재임時 저의 집에 종종 오셔서 문중사나 사회사에 조언을 해주셨다. 우리 문중에서 선조 누대에 빠짐없이 각 位에 묘비를 갖춘 집은 公과 나라고 하셨다. 族弟 竹堂 熙石은 해군 장교로 복무를 마치고 大韓航空社에 30년 근무하고 퇴직 후 문예사조에 등단하고 고향 집에 단신으로 내려와 문화해설사로 활동하고 있는데, 나의 권유로 郡宗會長을 맡아 침체된 宗會를 활성화 시켰다. 지금도 나와 같이 郡宗會 고문으로 활동하고 있는데 나를 찾아와 형님이 先考의 행적을 잘 알고 있다 하여 先考 甲雲公 행장을 부탁하니 父子 분과의 정의(情誼)로 拙文하고 정신이 혼미하여도 사양 못하고 甲雲實記를 참고하여 사행(事行)의 一端을 기술하여 후일 君子의 大筆을 기다린다.

2021년 辛丑 5월 族姪 惺菴 亨熙 謹識

장두 당숙모

내 집 옆에 사시는 당숙모
당숙 돌아가시고 홀로 사실 때
나만 보면 늘상 하시는 말씀
죽을 복을 타고 나야 하는디
이대로 정신 잃지 않고 죽어야 하는디
걱정이 태산이다

객지에 사는 아들 딸 집에 올 때마다
아버지 묘 등 풀이 너무 길었다
걱정이 대산이다
풀이 길어 칙칙하게 무덤 덮으면
무덤 속에서 아버지
너무 갑갑하다고
걱정이 태산이다

옆집 사는 장조카인 나에게도
몇 번씩이나 신신당부 부탁하신다

나를 칙칙한 풀 속에 누워 있게 하지 말라고
너무 갑갑하니까
그리고 또 한 가지
특별히 부탁하신다
나는 화장하지 말라고
너무 뜨거우니까

키가 작달막한 미인이신
당숙모는 겁이 많아서
죽으면 화장장 불구덩이에는
절대 넣지 말라고
너무 뜨거우니까
오늘 또 한 번 당부하신다

당숙모님에게는
죽고 사는 것 다른 게 없어
무덤 속에 누워 있어도

풀이 덮으면 답답하고
불에 태우면 뜨겁고

도강 김재규 선생의 도강산고(道岡散稿) 서문

사람이 세상에 나서 혹은 윤리도덕으로, 문장과 예술로, 부귀와 영화로 사람 중에 뛰어나고 세상에 현저한 이는 몸이 비록 죽어 없어도 그 이름과 공적이 썩지 않고 길이 후세에 전하니 그 자손을 위한 음덕은 두말할 것도 없이 숭고하거니와 그 후손들의 존경하고 흠모하는 마음은 또 얼마나 높고 클 것인가? 슬프도다 이 같은 사람이 세상에 몇 사람이나 있을까? 그렇지 못하고 범상하고 용렬한 사람은 나이 비록 80, 90을 살고 죽어도, 죽는 날로 몸과 이름이 다 없어지듯, 하나도 세상에 살았던 흔적도 없고 또 자손들의 사모하는 마음도 일어나지 않으니 참으로 이것이 초로(草露)나 하루살이 인생이로다. 이것이 오늘날 내가 궁적한 집에서 통렬한 한탄을 하고 있음이로다. 밤마다 한밤중에 잠을 깨고 생각하니 지금 내 나이가 80이나 되었어도 한 가지도 성공하여 후세에 남길만한 것이 없으니 위로는 선친의 교훈(敎訓)을 저버렸고 아래로는 후손을 위한 계책도 떨쳐 버렸으니 그 책망과 그 잘못을 누구를 원망하고 탓할 것인가? 아무리 후회하여도 따를 수 없으니 이제 모든 것이 끝장이로다. 그래도 슬프고 섭섭한 마음이 심중(心中)에 가시지 않아 생각하고 또 생각한 나머지 옛날 평시에 지어 보고 내버렸던 시문(詩文) 약간을 주워 모아 보니 조잡하고 졸렬(拙劣)하야 어찌 시문(詩文)이라고 이를 건가마는 말미에 제현들의 회갑 경장(瓊章)을 부록하야 자필로 정서해서 책 한 권을 만들고 자서(子婿)들과 문내(門內) 여러 친족에게 반포하나니 이 일이 세상 사람에게 끼치는 교훈이나 민심덕화(民心德化)에 아무런 도움이 될 것이 없다마는, 다만 내 자손이 이것이 내 애비, 내 할아버지의 글이요 손수 쓴 글씨인 것을 알고 애중히 여기고 고안에 소중하게 갈마두었다가 좋은 명절이나 틈나는 날이면 꺼내어보고 어루만지면서 어버이 생각하고 조상을 숭모하는 마음을 일으킬 수만 있다면 이것이 오늘날 나의 소망이요 또 소망이 이 이상 더할 것이 없으리라.

주) 도강 김재규 (1917~2007) ; 고창군 도산리 출생, 한학자(유학자). 도강 어르신은 올해 90세를 맞아 세상살이에 대한 상념을 시와 산문으로 묶어 시문집 『도강산고』를 출간했다. 70 넘은 필자에게 크게 경계하는 바가 있어 필자도 그 깊고 높은 뜻을 후세에 전하고자 한다.

항렬따라 군자로 효자로 사시는 분

50년대 60년대까지도
고창 갑평 마을 강(姜)씨 가문에선
항렬(行列)이 벼슬보다 높았다
항렬이 높으면 고을 원님도 나이 어린
아랫사람에게 말을 올리고
모이는 자리에선 윗자리에 모셨다

영(永)자 밑에 원(元)자, 원(元)자 밑에 희(熙)자
한 마을에 100여 호 1,000여 명
집집마다 열 명 넘게 가득가득 살았는데
세끼 쌀밥 먹는 것은 어려웠고
헐벗고 고단하게 살았는데
그래도 낮에는 들판에서 일하고
밤에는 명심보감은 읽어야 했다

몸도 가냘프고 마음도 여린
균영(均永) 대부는 10대 소년 때부터

마을에서 가문에서 높은 어른이셨고
60대 할아버지 몇 분 빼고는
손위 어른이 별로 없었다

10살 먹은 소년이라도
항렬이 높으면 나이에 상관없이
60 먹은 노인에게나 50 먹은 아저씨에게나
어른 행세를 해야 하고
실제로 어른의 모범을 살아야 한다
군자같이 살아야 하는 것이다

수십 년을 닦아도 어려운 군자의 길
그 군자의 길을 받들기 위해서
항렬이 높은 분은 특히 일찍부터
명심보감을 잘 익혀야 하는 것이다
명심보감의 가르침대로
충과 효를 몸에 익혀야 하는 것이다

균영 대부는 어르신들 바람대로
가르침대로 공부하고 일하다 보니
실제 소년 때부터 군자가 되고 효자가 되었다
말씀이 조심스럽고 상스런 말은 없었다
행동이 조심스럽고 부지런하였다
몸이 약했지만 내색하지 않고 묵묵히
부모님을 모시고 극진히 효도했다

60년대 고창 갑평 마을에서도
힘 좀 쓰고 큰소리치는 청년들은
10대 후반부터 돈 벌러 도시로 떠나고
유순하게 효도하는 순박한 청년들은
차마 외롭고 힘 빠진 부모님 곁을
떠나지 못하고 늦게까지
댕개 양채이 들판에서
땀범벅이 되고 허벅지까지
진흙투성이로 살았었지

그러나 20이 되면
남자들은 바빠진다
군대 가야 하고
직장 잡아야 하고
가정을 이루고
자식을 키우고
또 가문의 대를 잇는 게 인간사

늦게까지 부모님 곁을 떠나지 못하던 균영 대부도
군대 가고 제대 후에 직장을 잡아야 했는데
크나큰 가문에서 어른으로 살았던 분이
사회에서 막 노동을 할 수도 없고
어렵게 어렵게 대기업의 운전직을
잡게 되었다. 사회는 항렬을 대우하는
집단도 아니고 명심보감도 충효도
안 통하는 돈만 버는 시끄러운 마을

그래도 군대 갔다 오고 직장 잡아

가정 이루고 자식들 잘 키우고
가문의 대를 완전히 이어 왔으니
그리고 실명하신 어머니를 99세까지
외롭지 않게 수시로 찾아가 보살피셨으니

아! 지금은 가족까지 흩어지는 사람들
가족이 흩어지면 나라는 뭉쳐지겠는가

가족을 묶어 주는 효(孝)와 예(禮)
가족을 묶어 주는 효와 예를 내팽개친다면
가족을 묶어 주는 울타리는 무너진다
나라를 묶어 주는 울타리는 무너진다

아! 균영 대부는 21세기
가족을 지키는 마지막 효자다
나라를 지키는 마지막 군자다

우주의 짐까지 짊어지고 떠난 구도자

까까머리 어린 소년에게
공맹에 철두철미하신 할아버지께서
공자 맹자의 충효를 가르쳐 주셨을 때
소년은 곧 안회 자로가 되고 싶었다

소년일 적에는 방장산이 되어
가문과 고을을 짊어지려 했다
청년일 적에는 백두산이 되어
나라를 짊어지려 했다

장년이 되어서는 히말라야가 되어
세계를 짊어지려 했다
소크라테스 예수
석가와 공자의 말씀을
한 몸에 다 안으려 했다

지금 이 순간

이 세상 천지에
악은 도처에 창궐하고
성인들 그 말씀은 다 날아가 버리었다

아, 이 땅에 무릉도원은 끝나는가
그 소박하고 평화롭던 우리의
아름다운 무릉도원은 끝나는가
복숭아꽃이 만발한 무릉도원
그 화사한 봄날의 무릉도원은 끝나는가

안된다 안된다 안된다
사람들아 사람들아
눈을 떠라 눈을 떠라
옥의옥식이 한순간이요
호화 궁전도 한순간이다

진리의 말씀이 이끄는 땅

그곳이 꽃이 지지 않는 무릉도원
그곳이 우리가 가야 할
영원한 생명의 땅
영원한 행복의 땅이다

허공에 다 날아가 버린
진리의 말씀을 찾아
진리의 땅을 되살리기 위해
50년을 몸부림치며 몸부림치며

피와 살이 마르고
뼈에 사무치게 50년을
광야에서 풍찬노숙했다
사랑하는 부모 형제
그리운 고향 산천 다 뿌리치고

한도 끝도 없는 머나먼 길

한도 끝도 없는 진리의 말씀
찾으리라
찾아가리라
세계를 넘어
우주의 짐까지 짊어지고

아, 애달프다
그 말씀 그 진리
다 안아 보지 못하고
다 안아 남겨 주지 못하고
정든 땅 아린 땅
사랑하는 사람들 떠나다니

몸부림치며 몸부림치며
진리의 마지막 봉우리 향하여
걷다가 걷다가
쓰러져 간

21세기 마지막 구도자

강연희 프란치스코

주) 강연희(姜鉛熙, 1938~2020) : 필자의 재종형. 호는 한암(寒岩) 진주 강씨 박사공파 25세로 종교인(천주교 신부), 사상가, 철학자이다. 公은 30에 출가하고 50여 년을 중단 없는 침묵 속에서 역사와 철학, 인간과 사회, 자연과 문명을 탐구하며 구도하는 독신 수도자였다. 저서에 수상록 『빈 손 빈 마음』, 『광야로 간 사제』가 있고 동양고전 해설서 『노자 도덕경』, 『논어 해설』, 『주역 해설』, 『장자해설』 이 있다.

이름대로 살아가시는 분

사람은 살아가면서
누구처럼 살겠다
무엇이 되겠다고 마음 먹고
쉼 없이 노력하고 마음을 가다듬어
누구가 되어 간다거나
무엇이 되어 간다 할 것이다

부모의 바램인가 하늘의 태몽인가
선경처럼 밝고 다툼이 없고
빛나는 세상을 만들어 가라고
하늘도 바라고 부모도 바랐다

선희(仙熙), 부르는 순간
세상이 밝아지지 않는가
세상이 빛나지 않는가
세상이 평화롭게 느껴지지 않는가
세상이 따뜻하게 느껴지지 않는가

선희 그 분은
이름 그대로 살아가시는 분이시다
힘들지만
힘 안드는 것처럼 살았고
무서움도 있었지만
무섭지 않은 것처럼 살았고
가진 것 없었지만
소박하고 넉넉하게 살았다

맨주먹 까까머리 고향을 떠나
낯설고 차디찬 땅바닥에 의지한 채
남도 땅 송정리 소년 시절에
신문배달 홍익회
야간학교에서 학업을 이루고

가는 곳마다 기쁨을 이뤘다
가족간이나 동기간이나

갑평 마을에서나 고창 고을에서나
가는 곳마다 신선처럼 마음이
어질고 밝고 빛났다

맨주먹 까까머리
낯설고 차디찬 땅바닥
남도 땅 송정리 소년 시절에도
차돌처럼 단단히 맨주먹 쥐고
긴 밤을 달렸다 희망을 품고
가족의 온기를 잃지 않으려고

선희(仙熙), 그분은
만나는 곳엔 기쁨이 있었다
만나는 곳엔 온유함이 있었다
만나는 곳엔 소박한 즐거움이 있었다
넘치지 않았지만 알맞게 나눴다

선희(仙熙), 그분은
이름의 바람대로
이름의 뜻대로
세상을 밝게
세상을 빛나게
이름에 책임을 지키기 위하여
성심을 다하여
살아가시는 분이시다

주) 강선희(1938~) : 필자의 족형, 진주 강씨 박사공파 25세. 仙(신선 선), 熙(빛날 희, 밝을 희). 사람은 이름으로 자신을 대표한다. 많은 사람들이 이름의 뜻대로 살려고 노력한다. 그래서 부모들은 자식들에게 뜻 깊은 이름을 지어주려고 고심하는 것이다.

소록도 눈꽃 두 송이

한반도 남남쪽
사람들은 떠나고
사슴들이 모여 사는
외로운 섬 소록도

얼굴도 이름도 감추고
아비도 어미도 만날 수 없는
슬퍼도 슬퍼도 살아야 하는
한숨소리 가득한 외로운 섬에

눈처럼 순결한 오스트리아
알프스 눈꽃 두 송이
에델바이스 눈꽃 두 송이
마리안느 마가렛
눈꽃 같은 들꽃 두 송이

피고름 뭉그러진 손뭉치

코도 떨어지고 눈도 멀어 버린
하늘마저 벌을 내린
백의민족 사람들을

알프스 흰 들꽃 두 송이
43년 어루만져 보듬어서
희게 희게 말끔하게
생명으로 살려 냈네

눈같이 순결한
흰옷만 입던 백의민족
우리 지금 무얼하고 있나

아, 우리는
풀꽃이라도 우러르라
풀잎이라도 보듬어라

아, 우리는
마리안느도 못되고
마가렛이 못되더라도
백의민족 솜다리
흰 솜다리 꽃으로나 살으리라

주) 마리안느와 마가렛 : 오스트리아 수녀이며 간호사. 푸른 눈의 두 천사. 1955년 인스부르크 간호학교를 졸업하고, 1962년 20대 후반 한국 소록도 한세인 촌에 들어와 43년간 한센병 환자를 보살펴 온 외국인 수녀. 국경과 인종을 초월해 평생을 헌신한 한센병 환자들의 친구이자 수호천사. 2005년 11월 23일 소록도 집집마다 한 통의 편지가 도착했다. 수녀님은 70이 넘어 거동이 불편하자 본인들이 오히려 짐이 될 수 있다고 생각하여 소록도를 몰래 떠나면서 작별의 편지를 보냈던 것이다. 환우들에게 헤어지는 아픔을 줄까 봐 떠나는 일을 알리지 않으려고 했고 떠난 후에 알 수 있게 편지를 보낸 것이다.

■ 발문

영원한 민족시인 서정주를 고향에서 지키며 낳은 시편들

이 경 철
〈문학평론가 · 전 중앙일보 문화부장〉

강희석 시인의 세 번째 시집 『잃어버린 시간을 찾아서』는 부제 '고창을 탐구하다' 에 드러나듯 시인이 낳고 자란 고향에 바치는 시집이다. 대한항공 해외지점장과 여행사를 경영하며 세계로 나가 활동하다 다시 돌아와 고향의 산천, 역사, 문화, 인물 등을 탐구하며 나온 시들이다.

추석을 앞두고
밤나무 밑을 지나갈 때
알밤 하나 머리통을 때린다
어지럽던 정신이 번쩍
"너 어디쯤 가고 있는가"

한세상 잘살고 다시 고향에 돌아와 살며 보고 느끼고 깨달은 것들을 짧게 짧게 시로 읊은 「단상斷想」 중 한 꼭지다. 알밤이 떨어져 죽비처럼 내리치며 "너 어디쯤 가고 있는가"라고 묻고 있다. 사회에 편입돼 세계 대처에 나가 바삐 살던 삶에서 이제 고향으로 돌아와 삶과 사회의 원형을 물으며 본디의 인간, 본디의 삶을 회복하고 있는 시집이 『잃어버린 시간을 찾아서』다.

"아조 할 수 없이 되면 고향을 생각한다./ 이제는 다시 돌아올 수 없는 옛날의 모습들. 안개와 같이 스러진 것들의 형상을 불러일으킨다./ 귓가에 와서 아스라이 속삭이고는, 스쳐 가는 소리들, 머언 유명幽明에서처럼 그 소리는 들려오는 것이나, 한마디도 그 뜻을 알 수는 없다. // 다만 느끼는 건 너이들의 숨소리. 소녀여, 어디에들 안재安在하는지. 너이들의 호흡의 훈짐으로써 다시금 돌아오는 내 청춘을 느낄 따름인 것이다.// (중략) // 소녀여. 비가 개인 날은 하늘이 왜 이리도 푸른가. 어데서 쉬는 숨소리기에 이리도 똑똑히 들리이는가./ 무슨 꽃으로 문지르는 가슴이기에 나는 이리도 살고 싶은가."

고창에서 태어난 미당 서정주 시인의 시 중 가장 긴 「무슨 꽃으로 문지르는 가슴이기에 나는 이리도 살고 싶은가」 부분이다. 동면冬眠의 긴 겨울을 거쳐 만물이 소생하는 봄이 되면 잔뜩 움츠러든 우리네 마음에 아연 활기를 돋우는 무슨 효험 좋은 주문처럼, 그 긴 제목이 지금도 곧잘 플래카드로 내걸리고 있는 시이기도 하다.

이 시 제목 바로 밑에는 오일도 시인의 "뷘 가지에 바구니만 매여두고 내 소녀, 어디 갔느뇨"란 시구를 제사題詞처럼 올려놓고 있다. 고향, 유년 시절을 떠나 사회에 편입된 오늘 우리네 삶은 뭔가 진짜, 원형을 잃어버린 빈 가지, 빈 바구니 같은 것은 아닐는지.

해서 미당의 시에서 '고향'이며 '소녀'들은 상실의 이 시대 오늘 진짜 삶의 원형들을 떠올리며 문득 그리 그립고 따뜻하게 살고픈 순정한 마음을 다시 살려 내고 있는 것이리라. 그런 고향 선배 시인의 시혼詩魂을 본받고 지켜 내고자 강 시인도 고향에서 향토를 탐구하며 시를 쓰고 있다.

고창의 귀퉁이 바닷가에 질마재 마을이 있습니다. 미당이 태어나고 미당의 수많은 시를 잉태하던 마을입니다. 무진장 이야기가 많이 내려오는 마을입니다. 미당은 이 마을에 내려오는 50개나 되는 이야기를 신화로 만들어 버렸죠. 그 유명한 질마재 신화입니다. 이 이야기는 다행히 미당이 놓친 것입니다. 이것도 옛날부터 질마재에 내려오는 이야기입니다.// (중략) // 그 옛날부터 그러니까 백제 때인 것 같습니다. 선운사 창건하신 검단선사께서 소금 굽는 것을 가르쳐 준다고 소문이 나서 이곳 질마재에도 사람들이 많이 몰려와 살았답니다. 갑오년 동학혁명 전까지만 해도 질마재 사람들은 순전히 소금 구워 먹고 살았죠. 그런데 겨울이면 횡재가 생겨 겨울만 되면 토끼 주워 먹는 재미가 쏠쏠했다는 것입니다. 질마재 사람들이나 곰소 사람들은 겨울만 되면 토끼탕에 토끼구이에 볼태기가 미어질 정도로 잘 먹고 잘 살았다는 얘기입니다.

이번 시집에 실린 시 「변산 토끼와 소요산 토끼」 부분이다. 질마재에 전해 내려오는 이야기를 채록하고 연구하며 나온 시다. 옛날 어른들에게 들은 그대로의 현장감을 살려 구수한 옛날이야기 구어체로 쓴 시다. 그런 이야기, 서사성을 잘 살리기 위해 산문시로 썼다.

위 시 본문 첫 대목에 밝혔듯 질마재는 미당이 태어나고 자란 고창 한 귀퉁이로 소요산과 그 아래 갯벌, 그리고 바다로 이어지는 마을이다. 우리에게 잘 알려진 시 「영산홍」에서 미당이 "산 너머 바다는/ 보름사리 때//소금 발이 쓰려서/ 우는 갈매기"라고 한 바로 그 소금 굽는 마을이다.

미당은 질마재에서 많은 시를 잉태하고 또 『질마재 신화』라는 우리 반만년 문학사에 길이 남을 시집을 남겼다. 미당이 놓친 그 후속편 격으로 강 시인이 이어 쓴 시가 「변산 토끼와 소요산 토끼」다.

"나보고 명절날 신으라고 아버지가 사다 주신 내 신발을 나는 먼 바다로 흘러내리는 개울물에서 장난하고 놀다가 그만 떠내려 보내버리고 말았습니다. 아마 내 이 신발은 벌써 변산 콧등 밑의 개 안을 벗어나서 이 세상의 온갖 바닷가를 내 대신 굽이치며 놀아다니고 있을 것입니다./ (중략) / 그래, 내가 스스로 내 신발을 사 신게 된 뒤에도 예순이 다 된 지금까지 나는 아직 대용품으로 신발을 사 신는 습관을 고치지 못한 그대로 있습니다."

1975년 미당이 환갑을 맞아 펴낸 시집 『질마재 신화』에 실린 시 「신발」 부분이다. 어릴 때 개울물에 떠내려 보낸 신발이 시인과 우리네, 그리고 삼라만상의 원형이고 그 후 지금 우리네 현실은 원형의 가상이요 그림자, '대용품' 임을 순연하게 드러내고 있는 시다. 떠내려 보낸 그때 그 신발이 유년의 삶이요 고향이요 원형 아니겠는가.

위 시처럼 '질마재 신화' 시편들은 모두 서사성이 강한 산문시다. 질마재에 전해 오는 설화나 전설과 유년 체험, 그리고 농촌공동체 속에서 원초적 삶을 살아가는 당시의 마을 사람들의 이야기를 그대로 그리고 있다.

그러면서 우리 민족 특유의 풍류도風流道에서 비롯된 영원관을 실감으로 되살려 내고 있다. 우리 뇌리와 핏속에 새겨져 면면히 유전돼 오고 있는, 우주 삼라만상과 한 몸이 돼 물처럼 바람처럼 흐르며 유전流轉하는 영원한 삶을 살고 있는 그 신화적 세계를 오늘에 생생히 전하는 시집이 『질마재 신화』다.

1915년 일제 치하에서 태어나 2000년에 타계한 미당은 한 시대, 한 세기만 살다간 사람이 아니다. 지사나 투사, 정치인이 아니다. 우리 민족의 정한情恨을 모국어의 혼과 가락으로 풀어내 반만년을 살아온, 앞으로도 민족의 가슴속에 영원히 살아갈 시인이다.

첫 시집 『화사집』에서 「늙은 떠돌이의 시」에 이르는 미당의 15권의 시집은 반만년 우리 역사에서 결코 무시할 수 없는 시의 수확이다. 미당 시를 통과하지 않고서는 우리 민족혼과 모국어의 깊이와 넓이에 이를 수 없다는 것을 시인은 물론 많은 국민들이 알고 있다.

그런 대다수 국민의 뜻을 받들어 김대중 대통령의 국민의정부는 친일과 친독재 논란에도 불구하고 미당이 타계하자 금관문화훈장을 추서했다. 그럼에도 일부 진보진영에서 미당에 대한 비난과 배척이 극심한 가운데서도 강 시인은 "미당의 시는 고향인 고창에서부터 지켜야 한다"며 고창문화해설사로서 미당시를 연구하며 널리 알리고 있다.

고창하면 고인돌과 선운사가 떠오르고 미당이 떠오른다. 아니 미당의 시가 있어 선운사도 더 유명하고 고인돌도 영원할 것이다. 고향 후배 시인으로서 향토를 더 빛나게 하고 널리 알린 미당과 未堂 詩를 지켜 내고 있는 강희석 시인께 미당 시혼이 더 융숭 깊게 내려 상서로운 시운詩運 왕성하시길 빈다.

강희석 제3시집

고창을 탐구하다

잃어버린 시간을 찾아서

초판 인쇄 2021 년 12 월 20 일
초판 발행 2021 년 12 월 24 일

지은이 | 강희석
펴낸이 | 김효열
편 집 | 이미정

펴낸곳 | **을지출판공사**

등록번호 | 1985 년 2 월 14 일 제 2-741 호
주 소 | 서울시 마포구 양화진길 41, 603호
우편번호 | 04083
대표전화 | 02) 334-4050
팩시밀리 | 02) 334-4010
전자우편 | ejp4050@hanmail.net

값 15,000원

ISBN 978-89-7566-207-2 03810